सदा-ए-असद

सुधीर कुमार पाल 'हम्द'

pencil

ISBN: 978-93-5458-195-3
© Sudhir Kumar Pal 2021
Published in India 2021 by Pencil

A brand of
One Point Six Technologies Pvt. Ltd.
123, Building J2, Shram Seva Premises,
Wadala Truck Terminal, Wadala (E)
Mumbai 400037, Maharashtra, INDIA
E connect@thepencilapp.com
W www.thepencilapp.com

DISCLAIMER: The opinions expressed in this book are those of the authors and do not purport to reflect the views of the Publisher.

आभार

मैं तहे दिल से अपने ईश्वर माता पिता, भाई बन्धु, सगे संबधियों और मेरे ख़ास लोगों का शुक्रिया अदा करता हूँ। मैं धन्यवाद देना चाहता हूँ मेरे प्रभु भोले बाबा का जिनके अथक प्रयासों एवम बेहतरीन सुझावों का नतीजा है "सदा-ए-असद"। किताब के सुंदर आवरण को काग़ज़ पर उतारने के लिये दिव्यप्रिया कार्तिकेयन का अनेक शब्दों में धन्यवाद। मैं धन्यवाद देता हूँ 'पेंसिल' का जिन्होंने इस प्रोजेक्ट को इतनी सुन्दरता से इसके मुक़ाम तक पहुँचाया।

सुधीर कुमार पाल 'हम्द'

'हम्द' और 'नाज़' तख़्ख़लुस से लिखने वाले बेहद ही आम इन्सान जो सुख़न की क़ायनात में अपना एक मुक़ाम बनाना चाहते है। नाम सुधीर कुमार पाल, पेशे से वैज्ञानिक और हुनर से शायर। सदा-ए-असद एक लम्हा है जो मोहोब्बत की तपिश को तरसता हुआ दिखाई पड़ता है। साथ ही यह बयां करता है आज के बदले ज़माने के बदलते तेवर को जो मिज़ाज-ए-आदम को बख़ूभी कलम में कैद करता हुआ जान पड़ता है। एक आम शायर की आम सी कोशिश।

धन्यवाद उन सभी का जिन्होंने जाने-अनजाने किसी ना किसी तरह मेरी मदद की और मुझे राह प्रदान की।

तिलिस्म-ए-ज़ौख़ है सुख़न, इसका कारोबार ना कर...

वजूद-ए-अक्स है सुख़न, इसे ज़िल्लत-ए-तार ना कर...

बिकता नही खुदा रूहानी मिल्क़ियत में, दीन-ए-हयात है सुख़न ख़ाकज़ार ना कर....

Tilism-e-Zaukh hai Sukhan, iska karobaar na kar...

Vajood-e-aks hai Sukhan, ise zillat-e-taar na kar...

Bikta nahi Khudaa roohani milqiyat mein, Deen-e-hayaat hai Sukhan khaaqzaar na kar....

----सुधीर कुमार पाल 'हम्द'

आदि हैं हैं अनन्त भोले हैं हैं भगवन्त

Aadi hain hain Anant, Bhole hain hain Bhagwant

मृदभाषी हैं हैं अविनाशी

Mriud-bhaashi hain hain Avinaashi

चौदह भुवन हैं हैं काशी

Chaudah Bhuwan hain hain Kaashi

काल के काल हैं हैं वे महाकाल

Kaal ke kaal hain hain ve Mahakaal

सूर्य हैं चन्द्र हैं हैं काल की वे चाल

Surya hain Chandra hain hain Kaal ki ve chaal

ईश्वर हैं हैं सर्वेश्वर माया हैं हैं मुक्तेश्वर

Ishwar hain hain Sarveshwar Maaya hain hain Mukteshwar

जल हैं हैं अग्नि भक्ति हैं हैं तपोग्नि

Jal hain hain Agni Bhakti hain hain Tapogni

जीवन का सार हैं हैं मूल्यों का आधार

Jeevan ka saar hain hain moolyon ka aadhaar

बीज हैं हैं व्रक्ष हैं साँसों का संसार

Beej hain hain Vriksh hain saanson ka sansaar

ॐ नमःशिवाय

OM NAMAH SHIVAY

भोले बाबा की महिमा का मैं क्या करूँ बखान,

Bhole Baba ki mahima ka main kya karun bakhaan,

जिनके श्री चरणों में करते हों नमन वेद पुराण,

Jinke charnoan mein karte hon naman ved puraan,

जिनके चमत्कार को छू ना पाए तीन लोक का ज्ञान,

Jinke chamatkaar ko choo naa paaye teen lok ka gyaan,

जिनकी छवि जान ना पाया कितनों का विज्ञान,

Jinki chavi jaan naa paaya kitnoan ka vigyaan,

जिनकी अर्चना में काल युगों का देता हो संज्ञान,

Jinki archanaa mein kaal yugoan kaa deta ho sangyaan,

जिनकी लीला के प्रभाव से कोई रहा नही अज्ञान।

Jinki leela ke prabhaav se koi raha nahi agyaan|

जिनकी अनादि है काया, और है अनन्त माया।

Jinki anaadi hai kaayaa, aur hai anant maayaa|

जो है देवों के देव, जिन्हें कहते हैं महादेव।

Jo hain devoan ke dev, jinhe kehte hain MahaDev|

वो राजाओं के हैं राजा, बजता तीन लोक में जिनकी जय का बाजा।

Vo rajaaon ke hain raajaa, bajtaa teen lok mein jinki jai kaa baajaa|

वे विराट हैं, वे ही तो चहों दिशाओं के सम्राट हैं।

Ve viraat hain, ve hi to chahon dishaaoan ke samraat hain |

वे ही बड़ बाबा हैं, वे ही हैं अकबर,

Ve hi bad-baba hain, ve hi hain Akbar,

हम सब के हर पल की हैं रखते वही खबर।

Hum sab ke har pal ki hain rakhte vahi khabar |

दीनो के दाता हैं, वही सम्पूर्ण जगत के पिता माता हैं, और वही तो विधि के विधाता है।

Deenoan ke daataa hain, vahi sampoorn jagat ke pitaa maataa hain, aur vahi to vidhi ke vidhaataa hain |

आगाज़ भी वे अंजाम भी वे, पल पल का परिणाम भी वे।

Aagaaz bhi ve anjaam bhi ve, pal pal kaa parinaam bhi ve |

उनका नही कोई सानी, उनके आशीष बिना सब कुछ है फ़ानी।

Unkaa nahi koi saani, unke aashish binaa sab kuch hai faani |

जब भी दुखों से हो त्रस्त, याद आये नानी, रखो याद बाबा की जय है गानी।

Jab bhi dukhoan se ho trast, yaad aaye naani, rakho yaad Baba ki jai hai gaani |

ॐ नमःशिवाय ॐ नमःशिवाय ॐ नमःशिवाय

Om Namah Shivay Om Namah Shivay Om Namah Shivay

जब जब पाप का अँधियारा छाता है,

Jab jab paap ka andhiyaaraa chaata hai,

प्रभु का नया स्वरूप धरा पर उतर आता है।

Prabhu ka naya swaroop dharaa par utar aata hai।

जन जन की आशा बन कर,

Jan-jan ki aashaa ban kar,

फिर उनके हर दुःख को हर जाता है।

Fir unke har dukh ko har jaata hai।

पापियों का विनाश कर,

Paapiyoan ka vinaash kar,

धरा और अम्बर, सुखमय कर जाता है।

Dharaa aur Ambar, sukhmay kar jaata hai।

दुष्टों का संहार कर, सत्य का डंका बजाता है।

Dushtoan ka sanhaar kar, satya ka dankaa bajata hai।

हर घर हर आँगन, मंगल गीत फिर गाता है।

Har ghar har aangan, mangal geet fir gaata hai।

प्रभु के श्री चरणों में, हर शीश सदा झुक जाता है।

Prabhu ke shri charnoan mein, har sheesh sadaa jhuk jaata hai।

तीन रंग से बनता है, और चौथे से फिर सजता है...

Teen rang se bantaa hai aur chauthe se fir sajtaa hai...

जयघोष भारत माता का, इसके सीने में गरजता है...

Jaighosh Bharat Mata ka iske seene mein garajtaa hai...

तू चाहे कितना लाल करे, मेरे खून से इसके आँचल को...

Tu chaahe kitna laal kare mere khoon se iske aanchal ko...

ये रखता है रंग केसरिया, जो हर पल और निखरता है...

Ye rakhtaa hai rang kesariyaa jo har pal aur nikhartaa hai...

तू काला कितना दामन कर, कितना ही इसे तू तार कर...

Tu kaalaa kitnaa daaman kar kitnaa hi ise tu taar kar...

ये रखता है रंग बिल्कुल चिट्टा, चारों जो दिशा बिखरता है...

Ye rakhtaa hai rang bilkul chittaa chaaroan jo dishaa bikhartaa hai...

तू भर दे दहशत दिल-ओ-दिमाग, तू अंगारों से काम ले...

Tu bhar de dahshat dil-o-dimaag tu angaaroan se kaam le...

गहरे हरे रंग का बादल, बन के प्यार बरसता है...

Gehre hare rang kaa baadal ban ke pyaar barastaa hai...

तू आग जला, तू शीश काट, चाहे तू अंग अंग को छांट...

Tu aag jalaa, tu sheesh kaat, chaahe tu ang-ang ko chaant...

बन कर विष नीला यह तुझको, फूटी आँख अखरता है...

Ban kar vish neelaa yeh tujhko, footi aankh akhartaa hai...

कहते हैं इसे तिरंगा, ये है भारत की शान...

Kehte hai ise Tirangaa, ye hai Bharat ki shaan...

बन हिन्दस्तानी का सर-ओ-ताज, ये गौरव से लहरता है....

Ban Hindustaani ka sar-o-taaj, ye gaurav se lehrtaa hai....

अश्क़ तुरबत पे मेरी तूने जो गिराए छन से,
जमीं साँसों ने वो रफ़्तार एक पकड़ी है।

Ashq turbat pe meri tune jo giraaye chan se,

Jami saansoan ne vo raftaar ek pakdi hai |

जगह जिस ढहाया था मेरे अरमानों का तूने मंदिर,
जगह उसी आज भी युँ ही ज़िन्दगी मेरी खड़ी है।

Jagah jis dahaaya tha mere armaanoan ka tune mandir,

Jagah usi aaj bhi yun hi zindagi meri khadi hai |

मतलब को मेरे कर दिया मैंने तुझे बदनाम,
नफ़रत से तेरी आख़िरी साँस तक मोहब्बत मेरी लड़ी है।

Matlab ko mere kar diya maine tujhe badnaam,

Nafrat se teri aakhiri saans tak mohobbat meri ladi hai |

गुज़रने पाता तो कब का गुज़र जाता वो दौर-ए-ग़म,
उम्र जिसकी तेरी यादों के संग संग बढ़ी है।

Guzarne paata to kab ka guzar jaata vo daur-e-gam,

Umr jiski teri yaadoan ke sang sang badhi hai |

बिखर जाते जो बिखरने पाते टुकड़े मेरे टूटे दिल के,
वो तो तारीख़-ए-आज़माइश-ए-मोहब्बत मेरी हर घड़ी है।

Bikhar jaate jo bikharne paate tukde mere toote dil ke,

Vo to taarikh-e-aazmaayish-e-mohobbat meri har ghadi hai |

राख़ तो हुआ कब का ये मेरा सुर्ख़ बदन ए 'नाज़',
वो तो रूह है मेरी जो अब भी दामन से तेरे लिपटे पड़ी है|

Raakh to hua kab ka ye mera surkh badan aye 'Naz',

Vo to rooh hai meri jo ab bhi daaman se tere lipte padi hai|

वक़्त के दरख़्तों पर, दर्द की शबनम का लिबास ओढ़े, बैठी थी ज़िन्दगी

Waqt ke darakhtoan par, dard ki shabnam ka libaas odhe, baithi thi zindagi

मेरे होश को, कुछ युं मद्होश किये, बैठी थी ज़िन्दगी

Mere hosh ko, kuch yun madhosh kiye, baithi thi zindagi

तफ़्तीश से, कर बयां तू दिल मेरे, हाल-ए-ज़िन्दगी

Tafteesh se, kar bayaan tu dil mere, haal-e-zindagi

किस मोड़ पर, क्यूँकर आख़िर युं तन्हा, मुझे कर गयी ज़िन्दगी

Kis mod par, kyukar aakhir yun tanhaa, mujhe kar gayi zindagi

रास ना आया, युं बेवजह मुझे बर्गलाना तेरा, बात बात पर सताना, जब चाहे मुझे रुलाना

Raas naa aaya, yun bewajah mujhe bargalaanaa tera, baat baat par sataanaa, jab chahe mujhe rulaanaa

किया क्या ना था, ख़ुशी को तेरी मैंने ज़िन्दगी, फिर क्यूँ मुझपे बरपाया, तूने दर्द-ए- कहर ऐ ज़िन्दगी

Kiya kya na tha, khushi ko teri maine zindagi, fir kyun mujhpe barpaayaa, tune dard-e-kahar aye zindagi

जब लगी हो आग़ जिस्म की
तो बीमारी-ए-दिल इश्क़ भी क्या करे

Jab lagi ho aag jism ki

To bimaari-e-dil ishq bhi kya kare

जब दिल ही ना चाहे फ़ितरत में मचलना तेरी
तो मरमरी तेरा हुस्न भी क्या करे

Jab dil hi na chahe fitrat mein machalnaa teri

To marmarii tera husn bhi kya kare

ये रंग-ओ-जमाल-ओ-रूह-ओ–मस्ती
अब कहाँ सोच-ए-मशक्क़त भी क्या करे

Ye rang-o-jamaal-o-rooh-o-masti

Ab kahaan soch-e-mashaqqat bhi kya kare

फ़िराक-ए-हस्ती मेरी जब रहे तेरा हुस्न
तैश-ए-अदावत कोई तब भी क्या करे

Firaaq-e-hastii meri jab rahe tera husn

Taish-e-adaavat koi tab bhi kya kare

चिलमन-ओ-वफ़ा-ओ-सुकून-ए-हसरत 'नाज़'
बाज़-ए-ख़िलवत हो भला कोई तब भी क्या करे

Chilman-o-wafaa-o-sukoon-e-hasrat 'Naz'

Baaz-e-khilwat ho bhalaa koi tab bhi kya kare

जाएं कहाँ कुछ इशारा तो दे
करें रुख़ किधर का कुछ सहारा तो दे

Jaayein kahan kuch ishaaraa to de

Karein rukh kidhar ka kuch sahaaraa to de

बड़ी हिम्मतों से है चलना हमने सीखा
है साहिल कहाँ कोई किनारा तो दे

Badi himmattoan se hai chalnaa humne sikhaa

Hai saahil kahan koi kinaaraa to de

ये वफ़ा की हवाएं ना ये फ़िज़ा की रवानी
चुभे क्या टीस दिल को तू नज़ारा तो दे

Ye wafaa ki hawaayein naa ye fizaa kii rawaani

Chubhe kya tees dil ko tu nazaaraa to de

कब तक खाएंगे धोखा हम खुद से
शमा को इस रात की एक सितारा तो दे

Kab tak khayenge dhokha hum khud se

Shamaa ko is raat ki ek sitaaraa to de

बाज़ आये ना तू ना आब तेरी 'नाज़'
गिरते हैं कदमों आबरू थोड़ा तू शरारा तो दे

Baaz aaye naa tu naa aab teri 'Naz'

Girte hain kadmoan aabroo thoda tu sharaaraa to de

अपनों के ग़म ने इतना मारा इस दिल को
के ग़ैरों के ज़ख्मों की जगह तक ना बची

Apnoan ke gam ne itna maaraa is dil ko

Ke gairoan ke zhakhmoan ki jagah tak naa bachi

दर्द के ताबूत हसरत-ए-इश्क़ कभी देता था ज़माना
आज दिल-ए-आँगन में इक लिफ़ाफ़े की जगह तक ना बची

Dard ke taboot hasrat-e-ishq kabhi detaa tha zamaanaa

Aaj dil-e-aangan mein ik lifaafe ki jagah tak naa bachi

कभी माहताब पर लहराते थे जो इश्क़-ए–परचम
आज टूटे तारे के दीदार की भी उम्मीद तक ना बची

Kabhi Maahtaab par lehraate the jo ishq-e-parcham

Aaj toote taare ke didaar ki bhi umeed tak naa bachi

रस्म-ए-वफ़ा ता उम्र निभाना जो जानते थे वो, नाम संगेमरमर पे उकेरना जो
जानते थे वो
हशर हुआ ऐसा वो बदहाली युं छायी, की लिखने को दास्तां-ए-मोहब्बत उनके रेत
तक ना बची

Rasm-e-wafaa taa umr nibhaanaa jo jaante the vo, naam sangemarmar pe ukernaa jo jaante the vo

Hashar hua aisa vo badhali yun chaayi, ki likhne ko daastaan-e-mohobbat unke ret tak naa bachi

ग़फ़लत हो ही जाती है जब होता है इश्क़
तर्बियत बदल जाती है जब होता है इश्क़

Gaflat ho hi jaati hai jab hota hai ishq

Tarbiyat badal jaati hai jab hota hai ishq

रहता नही सुकून दिल के किसी कोने में
आग़ लग ही ऐसी जाती है जब होता है इश्क़

Rehtaa nahi sukoon dil ke kisi kone mein

Aag lag hi aisi jaati hai jab hota hai ishq

जो मार के थे खाते अब फेंके टुकड़ों पे हैं निर्भर
अकड़ हो जाती राख़ जब होता है इश्क़

Jo maar ke the khaate ab faike tukdoan pe hain nirbhar

Akad ho jaati raakh jab hota hai ishq

पहले पूछे था ज़माना जिस गली निकल जाते थे
शख़्सियत हुई ख़ाक जब होता है इश्क़

Pehle pooche tha zamaanaa jis gali nikal jaate the

Shakhsiyat hui khaak jab hota hai ishq

सोने से सजायेंगे ज़िन्दगी का हर लम्हा अपना
तम्मन्ना हर हुई फ़नाह जब होता है इश्क़

Sone se sajaayenge zindagi kaa har lamhaa apna

Tammannaa har hui fanaah jab hota hai ishq

करते थे जो नाज़ दोस्ती पे अपनी
हुआ रंजिशों का महल दिल जब होता है इश्क़

Karte the jo naaz dosti pe apni

Hua ranjishoan ka mahal dil jab hota hai ishq

क्या क्या ना किया जतन करें नफ़रत तुझसे ए 'नाज़'

हर बार खुद से हैं हारे जबसे हुआ हमें इश्क़

Kya kya naa kiya jatan karein nafrat tujhse aye 'Naz'

Har baar khud se hai haare jabse hua hume ishq

हुस्न कहे इश्क़ से मुझ पे तू नाज़ कर
रख सर मेरे कदमों मुझसे तू फ़रियाद कर

Husn kahe ishq se mujh pe tu naaz kar

Rakh sar mere kadmoan mujhse tu fariyaad kar

लाख चाहे ज़माना मुझे सबके दिलों है राज मेरा
तू दे सलामी मुझे आ मेरा एहतराम कर

Laakh chaahe zamaanaa mujhe sabke diloan hai raaj mera

Tu de salaamii mujhe aa mera aihteraam kar

ज़ौख तमन्ना मेरी हर किसी को मेरी ही चाहत
चाह ले तू भी मुझे आ मुझे तू प्यार कर

Zaukh tammannaa meri har kisi ko meri hi chaahat

Chaah le tu bhi mujhe aa mujhe tu pyaar kar

फ़िराक-ओ-मस्ती जुनून-ओ-हसरत ये सब हैं मेरी अदा
इकरार तू चाहे करे चाहे तू इनकार कर

Firaaq-o-mastii junoon-o-hasrat ye sab hain merii adaa

Iqraar tu chaahe kare chaahe tu inkaar kar

सुन दलील हुस्न की बुलंद इश्क़ ने आग़ाज़ किया
मुस्कुराते हौले से फिर उसने जवाब दिया

Sun daleel husn ki buland ishq ne aagaaz kiya

Muskuraate haule se fir usne jawaab diya

हो चाहे ज़माना तेरा चाहे दुनिया का हो औलिया तू आली
दीनी है ताल्लुक़ात मेरे इश्क़ से रहा नही अलहैदा कोई बाकी

Ho chaahe zamaanaa tera chaahe duniyaa kaa ho auliyaa tu aalii

Deenii hai taalluqqaat mere ishq se rahaa nahii alhedaa koi baaki

मिल्कियत नूरानी मेरी हर अक़्स पे चढ़े मेरा सरापा

तू तो बिम्बे है साया मेरा ना मुझसे यूँ अदावतें कर

Milkiyat nooraanii merii har aks pe chadhe meraa saraapaa

Tu to bimbe hai saayaa meraa naa mujhse yuun adaavatein kar

राख़ होता है हुस्न इश्क़ ख़ाक होता नही

क्युंकर करे है हुस्न-ए-तरफ़दारी ए 'हम्द', जहां में बुलंद इश्क़-ए-बीमारी कर

Raakh hota hai husn ishq khaak hota nahii

Kyukar kare hai husn-e-tarafdaarii aye 'Hamd', jahaan mein buland ishq-e-bimaarii kar

क्यूँ आये तेरी पेशानी पे पसीना क्या राज़ तू छुपाये है
ज़िक्र-ए-गुफ़्तगू कर ले आ बात जो तू छुपाये है

Kyun aaye terii peshaanii pe pasinaa kyaa raaz tu chupaaye hai

Zikr-e-guftagoo kar le aa baat jo tu chupaaye hai

हरगिज़ ना कर चिलमन-ओ-रुख़-ए-रोशन तार
कर बे-आबरू क्यूँ तू मुझे सताये है

Hargiz naa kar chilman-o-rukh-e-roshan taar

Kar be-aabroo kyuun tu mujhe sataaye hai

नागवार गुज़री बेइख़्तियारी बेखुमारी बदहवासी यूँकर
क्यूँ दिल-ओ-जहां-ओ-अक़्स-ओ-फ़लक़ मुझे बिठाये है

Naagvaar guzrii be-ikhtiyaarii be-khumaarii bad-hawaasii yuunkar

Kyuun dil-o-jahaan-o-aks-o-falaq mujhe bithaaye hai

बेवफ़ाई कर ना वफ़ा मुझसे ए मेरी हमनवां हमराज़
क्यूँकर यकायक ही मुझे बेशुमार तू रुलाये है

Be-wafaayii kar naa wafaa mujhse aye merii hum-navaan hum-raaz

Kyuunkar yaqaayaq hi mujhe be-shumaar tu rulaaye hai

और ना कर क़ैद मुझे ख़ुदी इश्क़ में ए 'नाज़'
ख़ाक हो ना जायें पर अभी तो मेरे आये हैं

Aur naa kar qaid mujhe khudi ishq mein aye 'Naz'

Khaak ho naa jaayein par abhi to mere aaye hain

आतिफ़-ए-हुजूम तेरी नज़र को हमने क्या देखा,
फ़ानी-ए-बुलबुला-ए-इश्क़ नूरानी देखा...
Aatif-e-hujoom teri Nazar Ko humne kya dekha,

faani-e-bulbula-e-ishq Noorani dekha...

फ़लसफ़े को तरसते तेरी दीद के दीवाने अर्श-ओ-मिराज़,
लुत्फ़-ए-हया मरमरी-ए-संगी आलम-ए-हैरानी देखा...
Falsafe Ko tarste teri deed ke deewane arsh-o-miraaz,

lutf-e-hayaa marmarii-e-sangii aalam-e-hairaanii dekha...

देख तो लिया हुस्न तेरा क़ज़ा की तवाईश सा,
तेरा क़ातिलाना डूबता मोहोब्बत में अंदाज़ देखा...
Dekh to liya husn tera qaza ki tavaish saa,

tera qaatilana doobta mohobbot me Andaaz dekha...

कर ही जाती वो नज़र तेरी क़त्ल हर मेरी बेमिसाली को,
बस युँ समझो की तुमने देख कर भी हमको इक बार ना देखा...
Kar hi jati vo Nazar teri qatl har meri bemisaali Ko,

bas Yun samjho ki tumne dekhkr bhi humko ik bar na dekha...

क़ब्र की मिट्टी सी पाक हर हो चली हसरत मेरी,
तेरी लौ-ए-शमशीर-ओ-शबा क़ुरुतलेंन का कमाल देखा...
Qabr ki mitti si paak hr ho chli hsrt meri,

teri lau-e-shamsheer-o-shabaa qurutlain ka Kamal dekha...

बस यूँ जानिए के जानते हम जो थे अब तलक,
होके रूबरू तेरे अक़्ल को अपनी हमने फ़ानी-ए-लम्हात-ओ-संदीक देखा...
Bas Yun janiye ke jante hum jo the ab talak,

hoke rubruu tere akl Ko apni humne faani-e-lamhaat-o-sandeek dekha...

कर रहे थे गुमान बाज़-ओ-हयात की जुरत,
खुद को तेरे क़दमों तले बना ज़मीं देखा...
Kar rhe the gumaan baaz-o-hayaat ki jurrat,
khud Ko tere qadmo tale bana Zameen dekha...

बेमिसाल-ओ-कमाल-ए-सूरत तेरी,
उससे भी नाज़-ओ-अज़ीज़-ए-सीरत तेरी,
तू है ख़ुदा या उसकी बीनाई तू
तुझे ही अब बस हमने जहानशीं देखा...
Bemisal-o-qamaal-e-soorat teri,
usse bhi naaz-o-azeez-e-seerat teri,
tu h khudaa ya uski binayi tu,
tujhe hi ab bs humne jahanasheen dekha...

तुझे देखा तेरा इश्क़ देखा,
तुझे देखा अहले क़माल देखा,
क्या देखा किस जुबाँ 'हम्द' करूँ बयाँ,
देखा क्या और क्या क्या देखा....
Tujhe dekha tera Ishq dekha,
tujhe dekha ahle qamaal dekha,
kya dekha kis Zubaan 'hamd' Kru bayan,
dekha kya or kya kya dekha....

वक़्त की असद को ठहरे हुए थे हम,
मुस्तैद-ए-इश्क़-ए-वजूद ठहरे हुए थे हम...

Waqt ki asad ko thehre hue the hum,

Mustaid-e-ishq-e-wajood thehre hue the hum...

काफ़िलों में मिली ना वो पेचीदगी-ओ-जलाल-ओ-कमाल,
उस शबनमी अंदाज़-ओ-हया-ओ-बयां ठहरे हुए थे हम...

Qaafiloan mein milii naa vo pecheedgii-o-jalaal-o-qamaal,

Us shabnamii andaaz-o-hayaa-o-bayaan thehre hue the hum...

देखी जो सूरत तेरी बा-कमाल,
बने बुत बीच बाज़ार ठहरे हुए थे हम...

Dekhi jo soorat teri baa-kamaal,

Bane but beech bazaar thehre hue the hum...

कोशिश कर ना जाती ये दौड़ मेरी साँसों की,
तेरी परछायी की बस आहट को ठहरे हुए थे हम...

Koshish kar naa jaati ye daud meri saansoan kii,

Teri parchaayi ki bas aahat ko thehre hue the hum...

आये तुम और नूर आया,
आये तुम और मेरे हक़ में गुरूर आया,
बेमिसाली के इस बेबाक़ अंदाज़ की ओढ़ने खुशबू ठहरे हुए थे हम...

Aaye tum aur noor aayaa,

Aaye tum aur mere haq mein guroor aayaa,

Be-misaalii ke is be-baaq andaaz ki odhne khushboo thehre hue the hum...

तुम्हारी कशिश और मेरे दिल का हाल,
तुम्हारी नज़र और इन साँसों का हाल,
करने को हवा हौले से साँसें ठहरे हुए थे हम...

Tumhaari qashish aur mere dil ka haal,

Tumhaari nazar aur in saansoan ka haal,

Karne ko hawaa haule se saansein thehre hue the hum...

असद की पूछ है के है 'हम्द' तेरा दीवाना,
वगरना क़ज़ा-ए-सहरा-ओ-बंजर ठहरे हुए थे हम....

Asad ki pooch hai ke hai 'Hamd' teraa deewaanaa,

Vagarnaa qazaa-e-sahraa-o-banjar thehre hue the hum....

लगने को तो है लगता हर कोई ख्याल इस दिल पर और,
ना-पाकी की अंजुमन की नही हद रही बाकी और...

इस्तेख़बाल किये जाती है दुनिया पर्चे अखबार चैनल में हर दम,
होके रूबरू लेता ना कोई हाल-ए-दिल और...

ताकतों का हुजूम है हर कोई है बादशाह,
भूल गये ये तख़्त-ए-अकबर सबकी खबर रखता है और...

तैश ना खा ठहर जा कर इन्तज़ार,
हक़-ए-सुकूँ दिल-ए-'हम्द' आएगा ज़माना और....

भूलता ही नही दिल वो आफ़ताबी अजनबी रात,
मोहोब्बत की कशमकश में डूबे उस साथ की रात।

Bhoolta hi nahi dil vo aaftaabi ajnabi raat,

Mohobbat ki kashmakash mein doobe us saath ki raat.

मिल जाये थोड़ा वक़्त बस यूँ ही लगाता था अटकलें,
ज़र्रा ज़र्रा-ए-माहताबी उस इन्तज़ार की रात।

Mil jaye thoda waqt bas yunhi lagaataa tha atkalein,

Zarraa zarraa-e-maahtaabi us intezaar ki raat.

कानों में गूँजता फ़िर वही मंतरीन साज़,
सीने में घर करता वो लम्हा नासाज़,
मेरी आँखों को धुंधलाती वो हुस्न की बरसात,
भूलता ही नही दिल अनोखी दास्ताँ की रात।

Kaanoan mein gunjtaa fir vahi mantareen saaz,

Seene mein ghar kartaa vo lamhaa naasaaz,

Meri aankhoan ko dhundhlaati vo husn ki barsaat,

Bhultaa hi nahi dil anokhi daastaan ki raat.

अंधेरे को चीरती एक किरण उस चमक की,
एक शरारा-वा-तजल्ली नूरानी उस बदन की,
होश खोये नही उड़ गए, समझो इस क़दर,
आई हो जैसे डसने बन वो नागिन ज़हरीली रात।

Andhere ko cheertii ek kiran us chamak ki,

Ek sharaaraa-va-tajjallii nooraani us badan ki,

Hosh khoye nahi ud gaye, samjho is kadar,

Aayi ho jaise dasne ban vo naagin zehrili raat.

अरे क्युँकर तू बन बला डाले है मुझपे जाँ के डोरे,

सियासती इश्क़ के हुए कब के खत्म दौरे,

अब है असद मालिक तेरी मेरी जान का,

जल्द आने वाली है वो इंसाफ-ए-कुदरत की रात।

Are kyun-kar tuu ban balaa dale hai mujhpe jaaan ke dore,

Siyaasatii Ishq ke hue kab ke khatm daure,

Ab hai Asad maalik teri meri jaan kaa,

Jald aane waali hai vo insaaf-e-qudrat kii raat.

बोहोत हुआ तेरा गुरूर-ए-ख़ाक होना मुझपर,

और हुआ बोहोत मेरा तौफ़ीक-ए-जमाल होना तुझपर,

बढ़ चलें आओ अब उस डगर ए 'हम्द',

मुसलसल ही मुक़म्मल हो जहाँ चैन-ओ-अमन की रात।।

Bohot hua tera guroor-e-khaak hona mujhpar,

Aur hua bohot meraa taufeeq-e-jamaal hona tujhpar,

Badh chale aao ab us dagar aye 'Hamd',

Musalsal hi muqqammal ho jahaa chain-o-aman kii raat.

इश्क़ में उनके वीरान हुए जाते हैं,
बस यही सिर्फ अपना अंजाम किये जाते हैं।

Ishq mein unke veeraan hue jaate hain,
Bas yahi sirf apna anjaam kiye jaate hain.

वफ़ा के सीने में उतरके धड़कना,
रूह-ए-इश्क़-ए-तिलिस्म आज बने जाते हैं।

Wafaa ke seene mein utarke dhadaknaa,
Rooh-e-ishq-e-tilism aaj bane jaate hain.

तबियत का मेरी ज़रा तो हाल ले लो,
बन जफ़ा-ए-मरीज़ सितम हुज़ूर लिए जाते हैं।

Tabiyat ka meri zaraa to haal lelo,
Ban jafaa-e-mareez sitam huzoor liye jate hain.

चल सकूँ कब तलक डगर बेज़ार-ए-यार,
तर्बियत ख़ाक-ज़ार तनहे-तन्हा चले जाते हैं।

Chal sakoon kab talak dagar bezaar-e-yaar,
Tarbiyat khaak-zaar tanhe-tanhaa chale jaate hain.

तोहमत लगा रहा है ज़माना मेरी फ़िकर को,
सहरा-ओ-शबे इन्तज़ार उनके ख़ाक हुए जाते हैं।

Tauhmat laga rahaa hai zamaanaa meri fiqar ko,
Sahraa-o-shabe intezaar unke khaak hue jaate hain.

नागवार हो चले हैं रूहानियत की नज़र में
बनाये अदावत-ए-मज़ार अब गढ़े जाते हैं।

Naagavaar ho chale hain roohaniyat ki nazar mein,
Banaaye adaavat-e-mazaar ab gadhe jaate hain.

"है कौन तू?" ऐसा सदक़ा ना दो,
आलम-ओ-रंजिश-ए-गुब्बार हम ढहे जाते हैं।
"Hai kaun tu?" aisaa sadkaa naa do,
Aalam-o-ranjish-e-gubbaar hum dahe jaate hain.

मक़बूल बन रहा है तीर-ए-क़ज़ा-ओ-असद 'हम्द',
क्यूँकर तिश्रगी-ए-तिलिस्म-ए-ज़ीस्त हम जले जाते हैं।
Maqbool ban rahaa hai teer-e-qazaa-o-asad 'Hamd',
Kyukar tishnagi-e-tilism-e-zeest hum jale jaate hain....

मेरी आँखों का संसार कितना छोटा हो गया,
मतलबी दुनिया का पर्दा कितना मोटा हो गया।

Meri aankhon kaa sansaar kitnaa chotaa ho gayaa,

Matlabii duniyaa kaa pardaa kitnaa motaa ho gayaa...

कोई ख़ुद से दुःखी कोई अपनों से परेशान,
भाई भी तो भाई का दुश्मन हो गया।

Koii khud se dukhii koii apnoan se pareshaan,

Bhai bhi to bhai kaa dushman ho gayaa...

तंज सही जाती नही छोटी सी इस दिल से,
हैवानियत का देखो जैसे आईना हो गया।

Tanj sahii jaatii nahii chotii sii is dil se,

Haiwaaniyat kaa dekho jaise aayiinaa ho gayaa...

इश्क़ होता क्या आप हमको बतलाओ,
पिताश्री से पापा पापा से बाप हो गया।

Ishq hotaa kyaa aap humko batlaao,

Pitaa-shrii se papa papa se baap ho gayaa...

उँगली पकड़ कर जो कन्धे पर बिठाते थे,
हर बात पर उँगली उन्हें दिखाना फैशन हो गया।

Unglii pakad kar jo kandhe par bithaate the,

Har baat par unglii unhe dikhaanaa fashion ho gayaa...

हाथ पकड़ कर जो रस्ता बुझाती थी,
हाथ उसका झटकना कोई मौसम जैसा हो गया।

Haath pakad kar jo rastaa bujhaatii thii,

Haath uskaa jhataknaa koii mausam jaisaa ho gayaa...

रंग बिरंगी राखी, बहनों के प्रेम की सौगात,

लोभी नज़र के फेरे में झिलमिलाता धागा हो गया।

Rang-birangii Rakhii, behnoan ke prem kii saugaat,

Lobhi nazar ke fere mein jhilmilaataa dhaagaa ho gayaa...

इश्क़ ख़ुद से इस कदर मैं कर लूँ

वे भी हैं अपने मानो चुटकुला सा हो गया।

Ishq khud se is kadar main kar luun,

Ve bhi hain apne maano chutkulaa saa ho gayaa...

करवट बदल रहा है वक़्त चाल धीमी ना हो जाये,

छोड़ दे उसे पीछे जो धीमा हो गया।

Karvat badal rahaa hai waqt chaal dhiimii naa ho jaaye,

Chhod de use piche jo dhimaa ho gayaa...

साँसों का है ज़ोर जो दौड़ लगी है अन्धी,

संभल ज़रा कोई तेरा आगे तुझसे ना निकल जाये,

लगा अड़ंगी ज़मीं उसे चटा,

तू ही तो सारी मिल्कियत का मालिक हो गया।

Saansoan kaa hai zor jo daud lagii hai andhii,

Sambhal zaraa koii teraa aage tujhse naa nikal jaaye,

Lagaa adangii jameen use chataa,

Tuu hii to saarii milqiyat kaa maalik ho gayaa...

कब तक चलेगा कुफ़्र का यह वहशीपन,
तू आज अपनो से ज़्यादा अपना हो गया।

Kab tak chalegaa kufr kaa yeh vahshiipan,

Tuu aaj apnoan se zyaadaa apnaa ho gayaa...

रुक जा, ठहर, सर पर थोड़ा बल देले,
काम फूलों का काँटों से कैसे हो गया।

Ruk jaa, thehr, sar par thodaa bal dele,

Kaam phooloan kaa kaantoan se kaise ho gayaa...

तू तेरे साथ, साथ वक़्त के घेरे,
बाग़ ये प्यारा कैसे न्यारा हो गया।

Tuu tere saath, saath waqt ke ghere,

Baag ye pyaaraa kaise nyaaraa ho gayaa...

फ़िज़ा ख़ुशगवार फ़िर आती है,
माँबाप हैं तो जन्नत तक संवर जाती है,
कर 'हम्द' सदके अपनों की चाहत के,
जान फ़िर तीन जहान तेरा हो गया।।

Fizaa khush-gavaar fir aatii hai,

Maa-Baap hain to jannat tak sanvar jaatii hai,

Kar 'Hamd' sadke apnoan kii chaahat ke,

Jaan fir teen jahaan teraa ho gayaa....

एक नशा एक मस्ती,
वो दिल का हाल उनकी यादों की बस्ती...

Ek nashaa ek mastii vo dil kaa haal unkii yaadoan kii bastii...

वो रंग-ओ-बहार वो चांदनी-ओ-जलवा,
उनके सवालों की लहरें और मेरी समझ की कश्ती...

Vo rang-o-bahaar vo chaandnii-o-jalwaa,
Unke sawaalon kii lehrein aur merii samajh kii kashtii...

बेमिसाल ज़िन्दगी में सिलसिलेवार उनकी शिरकत,
कहाँ मैं और कहाँ मेरी हस्ती...

Be-misaal zindagii mein silsilewaar unkii shirkat,
Kahaan main aur kahaan merii hastii...

ना-साज़ हो चुका हो जो साज़-ए-बज़्म-ए-नज़्म,
ढूँढिये कहाँ फ़िर वही हम-परस्ती...

Naa-saaz ho chukaa ho jo saaz-e-bazm-e-nazm,
Dhundhiye kahaan fir vahii hum-parastii...

पी लेंगें बेहद के तुम्हे करने को बर्दाश्त,
बताओ है कहाँ चिलम और कहाँ चिस्ती...

Pii lenge be-hadd ke tumhe karne ko bardaasht,
Bataao hai kahaan chilam aur kahaan chistii...

बाजे बाजे पाले हैं खेलने को तुमने बोहोत,
हम अब कहाँ कहाँ हम सी दावा-हस्ती...

Baaje baaje paale hain khelne ko tumne bohot,
Hum ab kahaan kahaan hum sii daavaa-hastii...

कोठे पे चढ़कर लगाई किसे आवाज़ तुमने,
खुल कर है बताओ क्यूँ मंद मंद हो तुम हँसती...

Kothe pe chadd kar lagaayii kise aawaaz tumne,

Khul kar hai bataao kyun mand mand ho tum hanstii...

भोर हुई अब के नज़रों को उजला कर 'हम्द',
ये पाश पहरे हैं जिनकी मय शब भर है बरसती....

Bhor hui ab ke nazroan ko ujlaa kar 'Hamd',

Ye paash pehre hain jinkii mayy shab bhar hai barastii....

किया ईमान पर कब्ज़ा, हमे बेकसी देदी...

Kiyaa imaan par qabzaa, hume beqasii dedii...

किया हालात पर कब्ज़ा, हमे मुक़द्दस की कमी देदी...

Kiyaa haalaat par qabzaa, hume muqqaddass kii kamii dedii...

किया हमराज़ पर कब्ज़ा, हमे ग़म-ए-दिल्लगी देदी...

Kiyaa humraaz par qabzaa, hume gam-e-dillagii dedi...

किया जज़्बात पर कब्ज़ा, हमे आवारगी बेपनाह देदी...

Kiyaa jazbaat par qabzaa, hume aawaargii bepanaah dedii...

क्या चाहा क्या दिया, क्यूं मुझे मुझसे रुस्वा किया...

Kyaa chaahaa kyaa diyaa, kyun mujhe mujhse ruswaa kiyaa...

जब ना देना था कुछ ही, तो क्यूं ना बर्बाद ही किया...

Jab naa denaa thaa kuch hii, to kyun naa barbaad hii kiyaa...

किया आशियाने पर कब्ज़ा, हमे ख़ाक-ए-दश्त देदी...

Kiyaa aashiyaane par qabzaa, hume khaaq-e-dasht dedii...

किया क़ज़ा पर कब्ज़ा, हमे आज़माने को ज़िन्दगी देदी...

Kiyaa Qazaa par qabzaa, hume aazmaane ko zindagii dedii...

किया रूह पर कब्ज़ा, हमे दिल-ओ-बदन की भूख देदी...

Kiyaa Rooh par qabzaa, hume Dil-o-Badan kii bhookh dedii...

किया महरुमा पर कब्ज़ा, हमे राख-ओ-रंज ज़मी देदी...

Kiyaa mehroomaa par qabzaa, hume raakh-o-ranj zameen dedii...

क्या चाहा क्या दिया, क्यूं मुझे इतना परेशां किया...

Kyaa chaahaa kyaa diyaa, kyun mujhe itnaa pareshaan kiyaa...

जब ना देना था कुछ ही, तो क्यूं ना तबाह ही किया...

Jab naa denaa thaa kuch hii, to kyun naa tabaah hii kiyaa...

करना था तबाह करना था फ़ना, तो क्यूं ही दिया जो नही चाहिए था...

Karnaa thaa tabaah karnaa thaa fanaah, to kyun hii diyaa jo nahii chahiye thaa...

क्यूं ना वो दिया जो मुझे चाहिए था...

Kyun naa diyaa jo mujhe chaahiye thaa...

जो मुझे चाहिए था, मेरा दिल मेरी जान मेरा यार मेरा प्यार...

Jo mujhe chaahiye thaa, meraa Dil merii Jaan meraa Yaar meraa Pyaar...

जो मुझे चाहिए था वो ही मुझे चाहिए था...

Jo mujhe chaahiye thaa vo hii mujhe chaahiye thaa...

सिर्फ़ वही चाहिए था हाँ वही चाहिए था....

Sirf vahii chaahiye thaa haan vahii chaahiye thaa....

राग हो तुम, रेशम बहारों की...

Raag ho tum, resham bahaaroan kii...

रंगों की हो माला, हमदम नज़ारों की...

Rangoan kii ho maalaa, humdum nazaaroan kii...

रूप के हैं तुम पर आतिश नज़रानी,
इक तुम ही हो तजल्ली बस उन सितारों की...

Roop ke hain tum par aatish nazraanii,

Ik tum hii ho tajallii bas un sitaaroan kii...

रात का हो सन्नाटा और हो सुनसान सब्ज़-ओ-बाग़,
तुम ही तो हो आहट मेरे दिल के गलियारों की...

Raat kaa ho sanaattaa aur ho sunsaan sabz-o-baag,

Tum hii to ho aahat mere Dil ke galiyaaroan kii...

तड़पती आंच बुझती शमा की होता ख़ाक-ए-सुपुर्द लौ-ए-बदन,
कौन नही कहता हो तुम बुत इन ख़्वाईशातों की...

Tadaptii aanch bujhtii shamaa kii hotaa khaaq-e-supurd lau-e-badan,

Kaun nahii kehtaa ho tum but in khwaishaatoan kii...

हो चला बेगाना जो रिश्ता आसमानों से,
तस्वीर-ए-उम्मीद हो उसकी इस जिगर के दीवारों की...

Ho chalaa begaanaa jo rishtaa aasmaanoan se,

Tasveer-e-umeed ho uskii is Jigar ke deewaaroan kii...

'हम्द' डूब जाए ना तेरी चाहत की कश्ती,
बना ले उन्हें रूह-ए-लहर ज़िन्दगी के किनारों की....

'Hamd' doob jaaye naa terii chaahat kii Qashtii,

Banaa le unhe rooh-e-lehar zindagii ke kinaaroan kii....

पोशीदा आँसुओं को अपने हम तुम्हें दिखा ना सके,
ज़ख़्म-ए-दिल गहरे थे कितने ये तुम्हें बता ना सके।
Poshida aansuoan Ko Apne hum tumhe dikha na sake,
zakhm-e-dil gehre the kitne ye tumhe Bata na sake...

बता सके ना राज़ हज़ार अपने इस दिल के,
तुम्हें चाहत का अपनी एहसास दिला ना सके।
Bata sake na raaz hazaar Apne is Dil ke,
tumhe chahat ka apni ehsas dila na sake...

रोज़ उठ जाती थी नज़र रह-रह कर तुम पर यूँही,
बस पलकें तेरी हयात-ए-क़ायनात बिछा ना सके।
Roz uth jati thi Nazar reh reh ke tum par yuhi,
bas palke teri hayat-e-kaynat bicha na sake...

ग़म की छींकें दम तोड़ जाती थीं आकर जुबान तक मेरी,
कितने प्यासे हैं वफ़ा के तेरी दिल-ए-इज़्हार बस कर ना सके।
Gam ki chikhe dam Tod jati thi Aakar jubaan tak meri,
kitne pyaase hai Wafa ke teri dil-e-izhaar bas kar na sake...

तुझे पाना है पाना है जान अपनी तुझे बनाना है,
बात इतनी सी खुद को याद करा ना सके।
Tujhe pana hai pana hai Jaan apni tujhe banana hai,
baat itni si khud Ko yaad Kara na sake...

कोशिश में हूँ थोड़ा सब्र कर लो,
ये 'हम्द' है और रहेगा बस तेरा हम इसे भुला ना सके।

Koshish mein hu thoda sabr kar lo,

ye 'Hamd' hai or rahega bas tera hum ise bhulaa Na sake....

आज कोई बात है, तुम गुमसुम हो बोहोत दिल में तुम्हारे ज़रूर राज़ है...

Aaj koi baat hai, tum gumsum ho bohot Dil mein tumhaare zaroor raaz hai...

आज कोई बात है, बेसुर तुम्हारी आँखों का हर साज़ है...

Aaj koi baat hai, besur tumhaari aankhon kaa har saaz hai...

आज कुछ तो है बन्दिश तुम्हारे दिल के गलियारे में, ग़फ़लत से तुम्हारी हर एक अदा बाज़ है...

Aaj kuch to hai bandish tumhaare Dil ke galiyaare mein, gaflat se tumhaarii har ek adaa baaz hai...

आज क्युँ है हँसी तुम्हारी उलझी कुछ उलझन में, क्युँ नूरानी दरीचों की आँच बे-नाज़ है...

Aaj kyun hai hansiin tumhaari uljhii kuch uljhan mein, kyun nooraanii dareechoan kii aanch be-naaz hai...

कुछ तो बाँधो समा कुछ तो रूह-ए-कशिश-ए-आवाज़ करो, क्युँ 'हम्द' दिल-ए-मरीज़ पर बेरुख़ी तुम्हारी गिराती गाज़ है....

Kuch to baandho samaa kuch to rooh-e-kashish-e-aawaaz karo,

Kyun 'Hamd' Dil-e-mareez par berukhii giraatii gaaz hai....

रक्त रंज था उसका सीना और लाल थी धरती भी,
लाशें ही लाशें पटी थी आत्मग्लानि फिर नभ तक थी...

Rakt-ranj thaa uskaa seenaa aur laal thii dhartii bhii,

Laashein hii laashein patii thii aatmglaanii fir nabh tak thii...

था वो सूरमा सदियों का क्युं आज वो इतना दुर्बल था,
खून बहाया लाखों का तो आज क्युं उसको अचरज था...

Thaa vo soormaa sadiyoan kaa kyun aaj vo itnaa durbal thaa,

Khoon bahaayaa laakhoan kaa to aaj kyun usko achraj thaa...

वो था अशोक था वो सम्राट बैठा था पटके सर पर हाथ,
दिल डूबा था मन रूठा था हथियार हाथ से छूटा था...

Vo thaa Ashok thaa vo samraat baithaa thaa patke sar par haath,

Dil doobaa thaa mann roothaa thaa hathiyaar haath se chootaa thaa...

था वीरों का वीर कभी जो आज वो कितना भीरु था,
वो आज क्युं इतना नीरस था...

Thaa veeroan kaa veer kabhii jo aaj vo kitnaa bheeroo thaa,

Vo aaj kyun itnaa neeras thaa...

दिल का लोहा पिघला था और कुंदन सा दमका था,
अशोक के पापी मन में से एक पुण्य का तारा चमका था...

Dil kaa lohaa pighlaa thaa aur kundan saa damkaa thaa,

Ashok ke paapii mann mein se ek punya kaa taaraa chamkaa thaa...

पश्चात्ताप के अश्रु थे और सम्राट आज एक भिक्षु था,
वही धरा वही अम्बर था पर आज जहां कुछ बदला था...

Pashchaataap ke ashru the aur samraat aaj ek bhikshu tha,
Vahii dhraa vahii ambar thaa par aaj jahaan kuch badlaa thaa...

जो था पापी आज एक प्रेमी था,
सम्राट अशोक बढ़ा शान्ति पथ पर था....
Jo thaa paapii aaj ek premii thaa,
Samraat Ashok badhaa shantii path par thaa....

खाना-बदोश है ज़िन्दगी खाना-ज़ार हुए जाती है,
तर्बियत बदलती नही दिल-ए-जज़्बात ख़ाक-ज़ार किये जाती है।

Khaanaa-badosh hai zindagii khaanaa-zaar hue jaatii hai,

Tarbiyat badaltii nahii Dil-e-jazbaat khaak-zaar kiye jaatii hai |

हुस्न की तौफ़ीक़ पर लम्हा दर लम्हा तंज कसे जाती है, उम्मीदों के बादल पल दो पल हवा किये जाती है।

Husn kii taufeek par lamhaa dar lamhaa tanj kase jaatii hai,

Umeedoan ke baadal pal do pal havaa kiye jaatii hai |

वफ़ा का जाम हुस्न की कशिश,
सैलाब-ए-अरमान और वो संगदिल,
आराइश में उतर कर साँसों का कमाल,
रूह को बेवजह बदनाम किये जाती है।

Wafaa kaa jam husn kii kashish,

Sailaab-e-armaan aur vo sangdil,

Aaraayish mein utar kar saansoan kaa kamaal,

Rooh ko bewajah badnaam kiye jaatii hai |

दिल्लगी कहें या कहें दिल की लगी,
रात-रात भर नींद बर्बाद किये जाती है।

Dillagii kahein yaa kahein Dil kii lagii,

Raat-raat bhar neend barbaad kiye jaati hai |

उनको देखे से जो आँखों में आता है नूर,
कहें क्या क्या कर जायें हौसला-ए-ईमान फ़नाह किये जाती है।

Unko dekhe se jo aankhoan mein aataa hai noor,

Kahein kyaa kyaa kar jaayein haunslaa-e-imaan fanaah kiye jaatii hai |

बारीकी से सुलझे थे कदम बर कदम,
मंज़िल क्यों ये कोसों दूर दिए जाती है।

Baarikii se suljhe the kadam bar kadam,
Manzil kyun ye kosoan door diye jaatii hai |

बहला रहे हैं बस अब धड़कनों को अपनी,
वगरना ये तेरे नाम हुए जाती है।

Bahlaa rahe hain bas ab dhadkanoan ko apnii,
Vagarnaa ye tere naam hue jaatii hai |

आतिश ना समझना मेरी हार-ए-यार तुम,
हुए नाम-ओ-नस्बूत तुम्ही में जिये जाती है।

Aatish naa samajhnaa merii haar-e-yaar tum,
Hue naam-o-nasboot tumhii mein jiye jaatii hai |

नाला मेरी फ़तेह का एक बार तो सुनते जाओ,
किस्सा ये जलसा-ए-इश्क़ मंतरीन कहे जाती है।

Naalaa merii fateh kaa ek baar to sunte jaao,
Kissaa ye jalsaa-e-ishq mantareen kahe jaatii hai |

फ़ौरन आजाओ बिन कोई लम्हा गवाये,
मेरी जान के में सदक़ा बिछाये,
फ़लसफ़े को भी ना ये ठहर जाती है,
बस मुसलसल ही मुक़म्मल दौड़े जाती है।

Fauran aajaao bin koi lamhaa ganvaaye,
Merii jaan ke mein sadkaa bichaaye,
Falsafe ko bhii naa ye thehar jaatii hai,
Bas musalsal hii muqqammal daude jaatii hai |

ठहर गया जो थक कर पीछे रह गया वो,
शमशीर-ए-सुलेमानी है ये तार तार किये जाती है।

Thehar gayaa jo thak kar peeche reh gayaa vo,
Shamsheer-e-sulemaanii hai ye taar-taar kiye jaatii hai|

अलादीन हो या कोई हो अल्लाउद्दीन या हो 'हम्द' कोई हज़रत-ए-दीन,
सबकी निगाहों की नज़र बन असद-ए-अमाल रोशन हुए जाती है।

Aladdin ho yaa koi ho Allaaudeen yaa ho 'Hamd' koi hazrat-e-deen,
Sabkii nigaahoan ki nazar ban asad-e-amaal roshan hue jaatii hai|

गणना अथक करूँ मैं और पाऊँ सबको एक,
मित्र जीवन में भरते सुंदर रंग अनेक।

Gananaa athak karoon main aur paaun sabko ek,

Mitr jeevan mein bharte sundar rang anek|

अलग-थलग सा जीवन जब भी लागन लागे,
मित्रों के आने से नवयौवन सा भर जावे।

Alag-thalag saa jeevan jab bhii laagan laage,

Mitroan ke aane se navyauvan saa bhar jaave|

सुरा-सुन्दरी भी क्या हृदय को पुलकित करती,
मित्रों के आंगन में जो मादकता है छलकती।

Suraa-sundarii bhi kyaa hrudaya ko pulkit kartii,

Mitroan ke aangan mein jo maadaktaa hai chalaktii|

जब भी दुःख के बादल उमड़-उमड़ कर आते,
मेरे प्यारे मित्र छत मेरी बन जाते।

Jab bhii dukh ke baadal umad-umad kar aate,

Mere pyaare mitr chatt merii ban jaate|

आमोद-प्रमोद का वो वातावरण बनाते,
बिन बोले ही मेरी हर पीड़ा हर जाते।

Aamod-pramod kaa vo vaataavaran banaate,

Bin bole hii merii har peeda har jaate|

नभ समान आशाओं का सागर सा बन जाते,
चहुँ दिशाएँ मेरी स्वर्णिम वे कर जाते।

Nabh samaan aashaaoan kaa saagar saa ban jaate,

Chahun dishaayein merii swarnim ve kar jaate|

प्रेम प्रगाढ़ रस ऐसा फिर जो बहता जाता,
समय का कांटा जैसे उस पल में ही जम जाता।

Prem pragaad ras aisaa fir jo bahtaa jaataa,

Samay kaa kaantaa jaise us pal mein hii jam jaataa|

उल्लास और ठहाके निरंतर लगते कहाके,
मधुशाला की सी वही फिर उन्मत्तता बनाके।

Ullaas aur thahaake nirantar lagte kahaake,

Madhushaalaa kii sii vahi fir unmattataa banaake|

सन्देसा सुना रहा हूँ मित्रों है मित्र कितना न्यारा,
नाम जीवन उसका मानो मेरे लिए हो सारा।

Sandesaa sunaa rahaa hoon mitroan hai mitr kitnaa nyaaraa,

Naam jeevan uskaa maano mere liye ho saaraa|

गगन छू सके जो ऐसी दृढ़ता मैने पायी,
मित्रों के स्वरूप में माँ हो जैसे आयी।

Gagan choo sake jo aisi drindtaa maine paayi,

Mitroan ke swaroop mein Maa ho jaise aayii|

मामूली शायर हैं आगाज़ छोटा रखते हैं,
उड़ने की चाहत है अंजाम ऊँचा रखते हैं।

Maamooli shaayar hain aagaaz chotaa rakhte hain,

Udne kii chahat hai anjaam oonchaa rakhte hain |

राम की उम्र क्या है, तर्बियत क्या है, क्या है राम का देश; हम नही जानते,
पर ए दाग़दारों विश्वास राम सा बहुत गहरा रखते हैं।

Ram kii umr kyaa hai, tarbiyat kyaa hai, kyaa hai Ram kaa desh: hum nahii jaante,

Par aye daagdaaroan vishvaas Ram saa bahut gehraa rakhte hain |

'भारत तेरे टुकड़े होंगे'; हलुआ है क्या,
मज़ाक अच्छा है; ठहाके ज़ोरदार रखते हैं।

'Bharat tere tukde honge'; halwaa hai kya,

Mazaak achaa hai; thahaake zordaar rakhte hain |

अंग्रेजी लिबास में भीरू इण्डियन,
फूटी किस्मत है अपनी तुझे वफ़ादार रखते हैं।

Angrezii libaas mein bhiroo Indian,

Footi qismat apnii tujhe wafaadaar rakhte hain |

मुसल्लमे-ईमान खुद का बताने वाले;
बारूद के भरोसे हम को आज़माने वाले,
आफ़ताब हैं हम चिंगारी ना दे; आग सीनों में तैयार रखते हैं।

Mussallame-imaan khud kaa bataane vale;

Baarood ke bharose hum ko aazmaane vale,

Aaftaab hain hum chingaarii naa de; aag seenoan mein tayyaar rakhte hain |

बोल दो 'हम्द' ज़माने से; नही तुम किसी फ़िराक में,
मिल्कियत है अपनी; क़दमों में आसमान रखते हैं।।

Bol do 'Hamd' zamaane se; nahii tum kisii firaaq mein,

Milqiyat hai apnii; kadmoan mein aasmaan rakhte hain||

इम्तेहान की घड़ी जब आती है,
हर दिल की धड़कन बेतहाशा बढ़ जाती है।

Imtihaan kii ghadii jab aatii hai,

Dil ki dhadkan betahaashaa badh jaatii hai|

नज़रे इधर-उधर घूम जाती हैं,
फिर भी नही कोई सूरत नज़र आती है।

Nazrein idhar-udhar ghoom jaatii hain,

fir bhii nahii koii soorat nazar aatii hai|

बहुत थी की पढ़ाई, रात-रात भी की बहुत जगायी,
फिर भी है अक्ल बदहवास उत्तर ना कोई बताती है।

Bahut thii kii padhaayii, raat-raat bhii kii bahut jagaayii

Fir bhii hai akl badhavaas uttar naa koii bataatii hai|

"जम के की है मेहनत, अव्वल मेरा पेपर होगा",
बड़बोली वो सारी ख्वाली पुलाव सी रह जाती है।

"jam ke kii hai mehnat, awwal meraa paper hogaa",

Badbolii vo saarii kyaalii pulaaw sii reh jaatii hai|

सर पर खड़ा मास्टर यमदूत सा दिख जाता है,
साँसों की डोर अपनी उसके हाथ नज़र आती है।

Sar par khadaa master yamdoot saa dikh jaataa hai,

Saansoan kii dor apnii uske haath nazar aatii hai|

एक एक अक्षर जैसे ज़हरीला डंक बन जाता है,
आँखों के आगे अँधियारे की कालिख छा जाती है।

Ek ek akshar jaise zehrilaa dank ban jaataa hai,
Aankhoan kea age andhiyaare kii kaalikh chaa jaatii hai|

उधार माँग पेन पेन्सिल कैसे कैसे काम चलाता है,
भरकस कोशिश की चार लकीरें ही अब सुकून दिलाती है।
Udhaar maang pen pencil kaise kaise kaam chalaataa hai,
Bharkas koshish kii chaar lakeerein hii ab sukoon dilaatii hai|

मंदिर मस्जिद गुरुद्वारा चर्च तक ना छूट जाता है,
हर दर हर आँगन पर तकदीर आज़माई जाती है।
Mandir masjid gurdwaraa church tak naa chhoot jaataa hai,
Har dar har aangan par takdeer aazmaayii jaatii hai|

रोज़ याद करके वो लम्हे कलेजा मुँह को आता है,
और फिर यकायक घड़ी ज़ालिम वो रुलाती है।
Roz yaad karke vo lamhe kalejaa muh ko aataa hai,
Aur fir yakaayak ghadii zaalim vo rulaatii hai|

दहाड़ मार मार कर दिल ये रोता जाता है,
छोटी लापरवाही अब बड़ी सज़ा सुनाती है।
Dahaad maar maar kar Dil ye rota jaataa hai,
Chotii laaparvaahii ab badii sazaa sunaatii hai|

लम्बे अरसे तक इन्तेहा ही पछताता है,
विद्यार्थी जीवन की याद अक्सर दिलाती है।
Lambe arse tak intehaa hii pachtaataa hai,
Vidyaarthii jeevan kii yaad aksar dilaatii hai|

हल्की बूंदाबांदी सी लबों पर मुस्कुराहट छोड़ जाती है,
हौले से फ़िर एक बार विद्यार्थी बना जाती है।।

Halkii boondaabaandii sii laboan par muskuraahat chhod jaatii hai,

Haule se fir ek baar vidyaarthii banaa jaatii hai||

सियासी आसमान फ़िर गर्म होने को है,
देख चढ़े पहर फ़िर सितम होने को है।

Siyaasii aasmaan fir garm hone ko hai,
Dekh chadhe pahar fir sitam hone ko hai|

सीटों का बँटवारा मंडावली इस-उस की,
गौरतलब है बँटवारा दिलों का होने को है।

Seetoan kaa bantwaaraa mandaawalii is-us kii,
Gaurtalab hai bantwaaraa Diloan kaa hone ko hai|

साँठ-गाँठ का दौर अब शुरू हुआ,
हर बार की तरह खेल फ़िर शुरू हुआ,
छोड़ उसे या इसे पकड़,
कुर्सी का अब दंगल होने को है।

Saanth-gaanth kaa daur ab shuru hua,
Har baar kii tarah khel fir shuru hua,
Chhod use yaa ise pakad,
Kursii kaa ab dangal hone ko hai|

किसके हिस्से में कितनी गांठ आयी,
किसके हाथ ताकत की सौगात आयी,
कौन आज कितने पानी में है,
परीक्षा नयी अब होने को है।

Kiske hisse mein kitnii gaanth aayii,
Kiske haath taaqat kii saugaat aayii,
Kaun aaj kitne paanii mein hai,
Parikshaa nayii ab hone ko hai|

दिल फ़िर टूटेंगे, सर फ़िर फूटेंगे,
फिर जलेंगे आशियानें, मौत का तांडव होने को है।

Dil fir tutenge, sar fir footenge,

Fir jalenge aashiyaanein, maut kaa taandav hone ko hai|

चुनाव कहो या कहो कोई धोखा, निकले लूटेरे फिर गलियारों में हैं।

Chunaav kaho yaa kaho koii dhokhaa, nikle lootere fir galiyaaroan mein hain|

कब तक खैर तू मनायेगा 'हम्द',
ये धरा वो अम्बर बंटने को है,
इंसानियत फ़िर रोने को है, फ़िर से चुनाव होने को है।।

Kab tak khair manaayegaa 'Hamd',

Ye dharaa vo ambar bantne ko hai,

Insaaniyat fir rone ko hai, fir se chunaav hone ko hai| |

दिल-ए-फ़ितूर लिख रहा हूँ,

Dil-e-fitoor likh rahaa hoon,

धोखा ना समझना आतिशे अँगूर लिख रहा हूँ।

Dhokha naa samjhna aatishe angoor likh rahaa hoon|

बेशकीमती ही सही तेरी यादों का नगीना है,

Besh-qimtii hi sahii terii yaadoan kaa nageenaa hai,

हाँ बस फ़िर भी हुज़ूर लिख रहा हूँ।

Haan bas fir bhi huzoor likh rahaa hoon|

मौसम की चाल कब पहचानते थे तुम,

Mausam kii chaal kab pehchaante the tum,

उन्ही मौजों के साये में ज़रूर लिख रहा हूँ।

Unhi maujoan ke saaye mein zaroor likh rahaa hoon|

क़िबले को देखे जो झुकता था सर,

Qible ko dekhe jo jhuktaa tha sar,

परवान रहनुमाई का असर लिख रहा हूँ।

Parwaan rehnumaayii kaa asar likh rahaa hoon|

क्या अली की दिवाली क्या राम का रमज़ान,

Kya Ali ki Deewaalii kya Ram ka Ramzaan,

मंदिर या मस्जिद बस रहीं इमारतें सुनसान;

Mandir ya Masjid bas rahiin imaaratein sunsaan;

दिलों की जकड़न शीशे से चेहरे की पहचान,

Diloan ki jakdan sheeshe se chehre ki pehchaan,

मिटे एहसास पथरी मिज़ाज लिख रहा हूँ।

Mite ehsaas pathrii mizaaj likh rahaa hoon|

पल पल का ग़म, बदलता दिल का मौसम,

Pal pal ka gam, badaltaa dil ka mausam,

ख़्याल-ए-यार की तड़पती अंगड़ाई लिख रहा हूँ।

Khyaal-e-yaar ki tadaptii angdaayii likh rahaa hoon|

मौज़ू नही है कोशिश है फ़िर भी,

Mauzoo nahi hai koshish hai fir bhi,

अंधेरों की बादशाहत की कहानी लिख रहा हूँ।

Andheroan ki baadshaahat ki kahaanii likh raha hoon|

लिया उसने वास्ता-ए-खुदा रहनुमा बनेगा मेरा,

Liya usne vaastaa-e-khudaa rehnumaa banegaa mera,

उसकी चाल-साज़ी मुँह-जुबानी लिख रहा हूँ।

Uski chaal-saazii muh-zubaanii likh raha hoon|

वक़्त बदला बदल गया वो,

Waqt badlaa badal gayaa vo,

राख में भिगो कर पानी लिख रहा
हूँ।

Raakh mein bhigo kar paani likh raha hoon|

मुद्दत हुई अब वो याद नही आया,

Muddat hui ab vo yaad nahi aaya,

लीजिये 'हम्द' झूठ एक और लिख रहा हूँ।।

lijiye 'Hamd' jhoot ek aur likh raha hoon| |

मैदान-ए-मस्जिद जब इतना बड़ा है, फ़ितरत-ए-आदम पर क्यों चिलमन-ए-कुफ़्र
पड़ा है।

Maidaan-e-masjid jab itnaa badaa hai, fitrat-e-aadam par kyun chilman-e-kufr pdaa hai |

मीनारें खड़ी हैं ऊँची से ऊँची, परवाज़-ए-ईमान क्यों ज़मीं में गढ़ा है।

Meenaarein khadii hain oonchii se oonchii, parvaaz-e-imaan kyun zameen mein gadaa hai |

सितमगर सितम ना तू इस कदर कर, सहर-ए-अदावत दिल ता-उम्र लड़ा है।

Sitamgar sitam naa too is kadar kar, sehar-e-adaavat Dil taa-umr ladaa hai |

ख़ज़ालत नही बेमुरव्वत फ़क़ीरी, ज़लालत नही तिश्नगी आफ्रिनी,
काँटों के पैबन्द हैं पहरन पर मेरे, नही और पर यह तमका जड़ा है।

Khazaalat nahii bemurawwat faqiirii, zalaalat nahii tishnagii aafreenii,

Kaantoan ke paiband hain pehran par mere, nahii aur par yeh tamqaa jadaa hai |

नशा है ताक़त हर कोई नशेड़ी, ख़्वाईश की लाशों पर आदम खड़ा है।

Nashaa hai taaqat har koii nashedii, khwaaishoan kii laashoan par aadam khadaa hai |

झूठी तसल्ली बनावटी दिलासा, क़ातिल वफ़ा का सा पुतला मढ़ा है।

Jhoonthi tasallii banaavatii dilaasaa, qaatil wafaa kaa saa putlaa madhaa hai |

'हम्द' है बदहवास भीड़ आज फ़िर से, धर्म से मज़हब आज फ़िर भिड़ा है।।

'Hamd' hai badhawaas bheed aaj fir se, dharm se mazhab aaj fir bhidaa hai | |

इश्क़ के धागों में बंधी आना,
कुछ इस तरह तुम दिल में उतरती जाना...

Ishq ke dhaagon mein bandhii aanaa,

kuch is tarah tum dil mein utartii jaanaa...

आग़ोश में ले लूँ हौले से पास आना,
प्यार दो चार गालों पे बरसाती जाना...

Aagosh mein le loon haule se paas aanaa,

pyaar do chaar gaalon pe barsaati jaanaa...

तरन्नुम-ए-साज़-ए-धड़कन मेरी नचती आना,
घुँगरू बन पोशीदा हर पीड़ा करती जाना...

Tarannum-e-Saaz-e-Dhadkan merii nachtii aanaa,

ghungroo ban poshidaa har peedaa kartii jaanaa...

छेड़ तार उँगलियों से कलेजे के हलचल मचाना,
रम कर साँसों में मेरी अरमान चुराती जाना...

Chedd taar ungliyon se kaleje ke halchal machaanaa,

ram kar Saanson mein merii armaan churaatii jaanaa...

सख़्त हो सकती हैं राहें इश्क़ की,
पग पग डगर पर मुद्दयी बढ़ती जाना...

Sakht ho saktii hai raahein Ishq kii,

pag pag dagar par muddayyii badhtii jaanaa...

उकेरे जो मोती-ए-तिश्नगी मेरे दिल-ओ-दीवार,
माला-वा-मोती अंगीकार खुदी करती जाना...

Ukere jo motii-e-tishnagii mere dil-o-deewaar,

maalaa-vaa-motii angikaar khudii kartii jaanaa...

मेरी लज़्ज़त का स्वाद अपनी जुबां बिठाये,
मीठी यादों की परवान चढ़ती जाना...

Merii lazzat ke swaad apnii zubaan bithaye,

Mithii yaadon kii parwaan chadhtii jaanaa...

हूँ रंगरेज़ तुम्हारी चाहतों की बुनियाद का,
रंग में मेरे रंगती जाना...

Hoon Rangrez tumhaarii chaahaton kii buniyaad kaa,

rang mein mere rangtii jaanaa...

दबे पाँव चुप-चाप आना,
तज्जली-ए-सुकूँ-ए-हुस्न अँखियन जलाती जाना...

Dabe paon chup-chaap aanaa,

tajjalii-e-sukoon-e-husn ankhiyan jalaatii jaanaa...

पलकों पर रत्ती भर आकाश बिछा कर,
सागर सा गहरा सैलाब देती जाना...

Palkon par rattii bhar aakaash bichaa kar,

saagar saa gehraa sailaab detii jaanaa...

कोशिश तो करना की आके ना जाने पाओ,
जाओ तो साथ अक्स मेरा लेती जाना...

Koshish to karnaa kii aake naa jaane paao,

jaao to saath aks meraa letii jaanaa...

कब तक थमती साँसों को रफ़्तार देगा तेरा 'हम्द',
हाथ रखना मुझ पर और संगी थमती जाना....

Kab tak thamtii saanson ko raftaar degaa teraa 'Hamd',

haath rakhnaa mujh par aur sangii thamtii jaanaa...

वक़्त की असद को ठहरे हुए थे हम,
मुस्तैद-ए-इश्क़-ए-वजूद ठहरे हुए थे हम...
Waqt ki Asad Ko thehre hue the hum,
ishq-e-wajood Ko thehre hue the hum...

काफ़िलों में मिली ना वो पेचीदगी-ओ-जलाल-ओ-कमाल,
उस शबनमी अंदाज़-ओ-हया-ओ-बयां ठहरे हुए थे हम...
Qafiloan me mili na vo pechidgi-o-jalaal-o-kamaal,
us shabnami andaz-o-haya-o-bayaan thehre hue the hum...

देखी जो सूरत तेरी बा-कमाल,
बने बुत बीच बाज़ार ठहरे हुए थे हम...
Dekhi jo surat teri baa-kamaal,
bane but beech bazaar thehre hue the hum...

कोशिश कर ना जाती ये दौड़ मेरी साँसों की,
तेरी परछायी की बस आहट को ठहरे हुए थे हम...
Koshish kar naa jaati ye daud merii saansoan kii,
terii parchaayi kii bas aahat ko thehre hue the hum...

आये तुम और नूर आया, आये तुम और मेरे हक़ में ग़ुरूर आया,
बेमिसाली के इस बेबाक़ अंदाज़ की ओढ़ने ख़ुशबू ठहरे हुए थे हम...
Aaye tum aur noor aayaa, aaye tum aur mere haq mein guroor aaya,
Bemisaalii ke is be-baaq andaaz ki odhne khushboo thehre hue the hum...

तुम्हारी कशिश और मेरे दिल का हाल, तुम्हारी नज़र और इन साँसों का हाल,
करने को हवा हौले से साँसें ठहरे हुए थे हम...

Tumhari kashish aur mere dil kaa haal, tumhari nazar aur in saansoan kaa haal,

Karne ko hawaa haule se saansein thehre hue the hum...

असद की पूछ है के है 'हम्द' तेरा दीवाना,
वगरना क़ज़ा-ए-सहरा-ओ-बंजर ठहरे हुए थे हम....

Asad ki pooch hai ke hai 'Hamd' tera deewaanaa,

vagarnaa qazaa-e-sahraa-o-banjar thehre hue the hum...

गुनगुनाती वो सर्दी, और अलाव की आँच,
मेरा छुटपन में तड़पता दिल, और अनजान रिश्ते की साँच।

Gungunaatii vo sardii, aur alaav kii aanch,

Meraa chutpan mein tadptaa Dil, aur anjaan rishte kii saanch...

आँखों ही आँखों में होती मुलाकात,
टटोलते जज़्बात कहे थोड़ा और जाँच।

Aankhon hii aankhon mein hotii mulaaqaat,

Tatolte jazbaat kahe thodaa aur jaanch...

फड़कती शमा और पतंगों की राख़,
शर्मीली मुस्कुराहट जैसे पिघलता काँच।

Fadaktii shamaa aur patange kii raakh,

Sharmilii muskuraahat jaise pighaltaa kaanch...

कतराती नज़रों से होती टालम-टाल,
कनखियों से रह-रह कर लपकती हुई बाँच।

Katraatii nazroan se hotii taalam-taal,

Kankhiyon se reh-reh kar lapaktii hui baanch...

दबी रात सनसनी साँसों की सुनवाई,
आनंदी प्रेम तरंग का हिलौरी देखो नाच।

Dabii hui sansanii saansoan kii sunvaayii,

Aanandi prem tarang kaa hilaurii dekho naach...

बरबस इश्क़ पे उम्र का तक़ाज़ा नही 'हम्द',
बेशक़ आफ़ताबी है इसका रोमांच।।

Barbas Ishq pe umr kaa taqaazaa nahi 'Hamd',

Be-shaq Aaftaabii hai iskaa romaanch....

गुनगुन नदिया की धारा, और छम छम करता बचपन,
क्या तेरा क्या मेरा प्यारे, सबकुछ उसको अरपन...
Gungun nadiyaa kii dhaaraa, aur cham-cham kartaa bachpan,
Kyaa teraa kyaa meraa pyaare, sab-kuch usko arpan...

ये शाख़ धरा, ये नीर गगन, हर मन में देखो एक मगन,
चल उड़ जायें, चल तर जायें, फिर क्या हो..ना हो..कैसी जलन...
Ye shaakh dahraa, ye neer gagan, har mann mein dekho ek magan,
Chal udd jaayein, chal tar jaayein, fir kyaa ho na ho kaisi jalan...

मन घबराता, तू इतराता, ना डार मोर पर कटिल नयन,
बेख़ौफ़ आज बस रम जायें, मइया के आँचल में है सुख़न...
Mann ghabraataa, tuu itraataa, naa daar mor par katil nayan,
Be-khauf aaj bas ram jayein, maiyaa ke aanchal mein hai sukhan...

बूँद-बूँद में तरता मन, जैसे मिटती जन्मों की अगन,
आओ हो लो सरिता संग, जैसे गीता में बाह्मन...
Boond-boond mein tartaa mann, jaise mit tii janmon kii agan,
Aao ho lo saritaa sang, jaise Geeta mein Baahmann...

आसमान की चादर है, और रेत फिर मख़मल की,
दरख़्तों के झुरमुट में, फिर प्यास मिटाये बचपन की...
Aasmaan kii chaadar hai, aur ret fir makhmal kii,
Darakhton ke jhurmut mein, fir pyaas mitayein bachpan kii...

ना शर्माना, ना उक्ताना, है आब नही ये अमृत,
ये ही तो जीवन है भइया, है प्राकृत जो पूरन...

Naa Sharmaanaa, naa uktaanaa, hai aab nahi ye amrit,
Ye hii to jeevan hai bhaiyaa, hai prakrit jo pooran...

कूद-फांद कर इसके अंदर, दुविधा सारी भूलो जी,
हर-हर गंगे नमो-नमो, यही नाम बस रट लो जी...
Kood-faand kar iske andar, duvidhaa saari bhulo jii,
Har-har Gange namo-namo, yahi naam bas rat lo jii...

बचपन की आज़ादी का, वरदान मिला है आज हमें,
शंख-नाद के आरूढ़ हो, करते है पापों का तरपन...
Bachpan ki aazaadi ka, vardaan mila hai aaj hume,
Shankh-naad ke aarud ho, karte hai paapon kaa tarpan...

'हम्द' घटा फिर बरस रही, बन तटिनी की धार,
आज खुदी को तिलांजलि दे, कर मैं का समरपन....
'Hamd' ghataa fir baras rahii, ban tatinii kii dhaar,
Aaj khudi ko tilaanjali de, kar main ka samarpan....

कोशिशों में भी एक आस रखता हूँ,
के बाँध कर तुझे आस पास रखता हूँ

Koshishon mein bhii ek aas rakhtaa hoon,

Ke baandh kar tujhe aas paas rakhta hoon

देखूँ जिधर भी हौले हौले नासे नासे,
तेरी ही तस्वीर चार दीवार रखता हूँ

Dekhoon jidhar bhi haule haule naase naase

Terii hii tasveer chaar deewaar rakhtaa hoon

आगोश में कभी जो तेरी याद उतर आए,
उन यादों से गहरा मेल-मिलाप रखता हूँ

Aagosh mein kabhii jo terii yaad utar aaye,

Un yaadon se gehraa mel-milaap rakhtaa hoon

नाचीज़ ना समझना उस्तुवार-ए-इश्क़ ,
चाहत का तुम्हारी मैं अम्बार रखता हूँ

Naa-cheez naa samjhnaa Ustuvaar-e-Ishq,

Chaahat kaa tumhaarii main ambaar rakhtaa hoon

सौ सौ पेचीदगी दिल सम्भाले तो कैसे,
मानींदे जुगनू रोशन जहां रखता हूँ

Sau-Sau pechidagii Dil sambhaale to kaise,

Maaninde Jugnoo roshan jahaan rakhtaa hoon

परिन्दे छटपटाते है मेरे सीने के पिंजड़े में
दर आसमानो के बेबाक़ मैं रखता हूँ

Parinde chatpataate hain mere seene ke pinjde mein

Dar Aasmaanon ke bebaaq main rakhtaa hoon

झुरमुटों की सरसराहट सी तेरी मेरी गुफ़्तगू
हम्द तेरे अदब का शर्म-ए-लिबास रखता हूँ ...

Jhurmuton ki sarsaraahat sii teri-meri guftagoo,

Hamd tere adab kaa sharm-e-libaas rakhtaa hoon...

पैसे का जो पाश है,
तू ख़ुद से है बेवफ़ा अपनों से बेज़ार है...

paise ka jo pash hai,
tu khud se h bewafaa apno se bezaar hai.

पैसे का जो पाश है,
कोई नही तेरा तू सब से नाराज़ है...

Paise ka jo paash hai,
koi nahi tera tu sab se naraaz hai.

कालिख़ लिपि है माथे पर अपनों के गंदे ख़ून की,
क्यों ना किसी सूरत में तू कहलाया वफ़ादार है...

Kaalikh lipi h maathe par apno ke gande khoon ki,
Kyu na kisi soorat me tu kehlaya wafaadaar hai.

हुज़ूम-ए-ताक़त का सर पर चढ़ता नशा,
आसमानों का बादशाह ना रहा ज़मीं का हक़दार है...

Huzoom-e-taaqat ka sar pe chadtaa nashaa,
aasmano ka badshah na raha zameen ka haqdaar hai.

क़ब्र की मिट्टी भी तेरे कुफ़्र से काली पड़ी,
पाक़ ज़मीं वही तेरे छूने से नापाक़ बनी,
आदम ही तो ऐसा था क्या करिश्माई,
अपने अपने के लिए हुआ रूह से नागवार है...

Qabr ki mitti bhi tere kufr se kaali pdi,
paak zameen vahi tere chune se naapaak bni,
aadam hi to aisa tha kya karishmaayi,
apne apne ke liye hua rooh se nagavaar hai

तमाशबीन बन चली हक़ीक़त ख़्वाबों का तू सरताज है,
दाग़ ही दाग़ का दामन तेरा बेदाद है...
Tamaashbeen ban chali haqiqat khwaabo ka tu sartaaj hai,

daag hi daag ka daaman tera bedaad hai.

वहशत के आलम में इश्क़ की ना कोई सीख पड़ी,
दफ़्न हुआ जब मिट्टी तले तब टूटा ज़ार-ज़ार है...
Wahshat ke aalam me ishq kin a koi seekh pdi,

dafn hua jab mitti tale tab toota zaar zaar hai.

ख़ुदा भी तेरी गुफ़्तगूआराइश में ना करता होगा,
मिलकियत तेरी बेतहाशा जो नामदार है...
Khudaa bhi teri guftagoo aaraaish me na krta hoga,

milqiyat teri betahasha jo Naamdaar h.

दीदों की आँच क्यों जाती रही,
दिल को तेरे क्यों ना साँस आती रही...
पैसे का पीर क्यों तू इस कदर हुआ,
क्यों ना तुझे क़ब्र ही नज़र आती रही...
Deedon ki aanch kyu jaati rahi,

dil ko tere kyu na sans aati rhi,

paise ka peer kyun tu is qadar hua,

kyu na tujhe qabr hi nazar aati rahi...

लिहाफ़ तो ओढ़े बेहतरीन-ए-उम्दा तूने,
नियत क्यों तेरी तेरी वहशियत दर्शाती रही...
Lihaaf to odhe behtareen-e-umdaa tune,

niyat kyu teri teri vahshiyat darshaati rahi,

हम्द मुक़र्रर है एक दिन मौत का,
भले ही तू आज ना बिल्कुल होशियार है

Hamd muqarrarr hai ek in maut ka,

bhale hi tu aaj na bilkul hoshiyaar hai

औदे तो हैं तेरे अर्श की ऊँचाई से,
आदतन क्यों बना तू मक्क़ार है,
ऐसा भी क्या तू पैसे का यार है,
जो पैसा ही पैसा है बाकि सब बेकार है...

Aude to h tere arsh ki unchaayi se,

aadtan kyu bna tu maqqaar hai,

aisa bhi kyat u paise ka yaar hai,

jo paisa hi paisa h baki sab bekaar hai

उमड़-उमड़ के जलधर आते साँझ ढले नभ पर छा जाते।
देख घनों की बढ़ती छाया साधो-साधो प्राणी गाते।

Umad-umad kar jaldhar aate saanjh dhale nabh par chaa jaate |

Dekh ghanoan ki badhtii chaayaa saadho-saadho praanii gaate |

बरसो-बरसो जलद देवता हम पर अपनी कृपा बरसाओ,
सूर्य देव के तेज ताप से जल्दी आकर हमे बचाओ।

Barso-barso jalad devtaa ham par apnii kripaa barsaao,

Soorya dev ke tej taap se jaldii aakar hame bachaao |

जन-जन की चीत्कार पर वारिद का मन पिघल गया,
गड़ड़-गड़ड़ के ऐसे बरसे हर्षित हर मन उछल गया।

Jan-jan kii cheetkaar par vaarid kaa mann pighal gayaa,

Gadad-gadad ke aise barse harshit har mann uchal gayaa |

हो पृफुलित सब नाच उठे, मिल मल्हार फिर गाते हैं,
नाच-नाच फिर खुशी मनाते, तासे ढोल बजाते हैं।

Ho prafulit sab naach uthe, mil malhaar fir gaate hain,

Naach-naach fir khushi manaate, taase dhol bajaate hain |

आनन्द की ना थी सीमा होश सभी सब खोये थे,
आनन्दी हो झूम झूम कर वर्षा में वो रोये थे।

Aanand kii naa thii seemaa hosh sabhii sab khoye the,

Aanandii ho jhoom jhoom kar varshaa mein vo roye the |

रात घनेरी ऋतु काल विकराल रूप जब धरते हैं,
त्राहिमाम प्रभु त्राहिमाम जीव जन्तु सब जपते हैं।

Raat ghanerii hritu kaal vikraal roop jab dharte hain,

Traahimaam Prabhu traahimaam jeev jantu sab japte hain|

आह्लाद में डूबी सृष्टि करवट ऐसे बदलती है,
ना दिन देखे ना ही रात बस घनघोर बरसती है।
Aahlaad mein doobi srishti karvat aise badaltii hai,
Naa din dekhe naa hii raat bas ghanghor barastii hai|

धराधर धर-धर जल टपकाते आसमान सागर सा हुआ,
धरा हो रही जलमग्न महाप्रलय सा रूप हुआ।
Dharaadhar dhar-dhar jal tapkaate aasmaan saagar saa hua,
Dharaa ho rahii jalmagn mahapralaya saa roop huaa|

बाँध सभी सब टूट गये तटिनी के तट भी छूट गये,
बुद्धिजीवी विचारमग्न हैं क्या इन्द्र देव हैं रूठ गये?
Baandh sabhii sab toot gaye Tatinii ke tatt bhii chhoot gaye,
Buddhijeevii vichaarmagn hain kyaa Indra dev hain rooth gaye?

हे भोले बाबा दया करो प्राण धीर अब छूट रहे,
अम्बुद के तोय बाणों से घर मन्दिर सब डूब रहे।
Hey Bhole Baba dayaa karo praan dheer ab chhoot rahe,
Ambud ke toya baanoan se ghar mandir sab doob rahe|

वारिवाह की वाह-वाह करके क्षमा याचना करते हैं,
भूल बड़ी है माफ़ी देदो चरण वन्दना करते हैं।
Vaarivaah kii waah-waah karke shamaa yaachnaa karte hain,
Bhool badii hai maafii dedo charan vandanaa karte hain|

बुनत शिकारी फिरत रहा अपनो मन को जाल,
आज फसाई ले जात है खूसन मोटो माल...

Bunat shikaari firat rahaa apno mann ko jaal,

aaj fasaaii le jaat hai khoosan moto maal...

दम-दम भरता मारत है जो तीरन पे तीर,
एक पशु ना पावत है घुसन पड़े जो जाल...

Dam-dam bhartaa maarat hai jo teeran pe teer,

Ek pashu naa paavat hai ghusan pade jo jaal...

हाथ मलत और खिसियाता सर फिर पटका जाये,
कौन दसा फिर देखूँ जी बालक रोटी कैसे खाये...

Haath malat aur khisiyaataa sar fir patkaa jaaye,

Kon dasaa fir dekhoon jii baalak rotii kaise khaaye...

प्यास कंठ जू पकड़ ली, साँस गले ना जाये,
राम राम बस राम राम जी राम ही रटता जाये...

Pyaas kanth joo pakad lii, saans gale naa jaaye,

Ram Ram bas Ram Ram ji Ram hii rat-taa jaaye...

ना बिचल पड़ूँ बस कर्म करूँ जे सोच बान जो साधा,
गजब भयो भाई निकल पड़ी मृग ढेर गिरो फिर आधा...

Naa bichal padoon bas karm karoon je soch baan jo saadhaa,

Gajab bhayo bhaai nikal padii Mrug dher giro fir aadhaa...

रे उछल पड़ो फिर कूद पड़ो जय राम जय राम बाँचे,
मिलो कर्म को फल चलूँ बनाऊँ बाँस के खाँचे...

Re uchal pado fir kood pado jai Ram jai Ram baanche,
Milo karm ko fal chaloon banaayoon baans ke khaanche...

रुदन सुनयो जो हिरन कू मन खट्टा होवन लागा,
फिर आज एक जीवन को काट दियो तू तागा...
Rudan sunyo jo hiran koo mann khattaa hovan laagaa,
fir aaj ek jeevan ko kaat diyo too taagaa...

भारी भरकम मन को लेके घर की कूच करी जी,
कैसो करम का फेरो मेरो पाप करूँ हर पल जी....
Bhaari bharkam mann ko leke ghar ki kooch karii jii,
kaiso karam kaa fero mero paap karoon har pal jii....

मैकदे में बैठे तो जाम ना मिला, क़ब्र में बैठे तो ईमान ना मिला...

Maikade me baithe to jaam na mila, kabr me baithe to Inaam na mila...

हाथ रहे खाली ता-उम्र मेरी तरस को, परछाई में मुझे मेरी दाग़ ना मिला...

Haath rhe Khali taa umr meri taras Ko, parchayi me mujhe meri daag na Mila,

शिद्दत से बस जाए रूह में कोई, आख़री दम तक भी वो इंसान ना मिला...

Shiddat se Bas jaye rooh me koi, aakhri dam tak bhi vo Insaan na mila...

अब फरिश्तों से भी क्या उम्मीद तू करे 'हम्द', कहने को है ख़ुदा बोहोत बस एक वही भगवान ना मिला....

Ab farishtoan se bhii kya umeed tu kare 'Hamd', kehne Ko hai khudaa bohot bas ek vahi Bhagwaan na milaa....

ज़ाफरान-ए-क़ब्र देखा तो आँखों ने नूर छोड़ दिया,

अज़ाब-ए-क़ब्र सुना तो कानों ने लफ़्ज़ छोड़ दिया...

Zaafraan-e-kabr dekha to aankhon ne noor chhod diya,

Azaab-e-kabr suna to kaano ne lafz chhod diya...

किस मुँह से कहें फ़ौलाद-ए-आदम हुए हम, क़ज़ा की हुई आहट और दिल ने
ख़ून छोड़ दिया...

Kis muh se kahein faulaad-e-aadam hue hum,

Kazaa ki hui aahat aur dil ne khoon chhod diya...

परखी 'हम्द' जो मय्यत की परेशां-हाली,

रूह ने अक़्स-ओ-बदन-ए-सवाब छोड़ दिया....

Parkhi 'Hamd' jo mayyat ki pareshaa-haali,

Rooh ne aks-o-badan-e-sawaab chhod diya....

पा ना लीजिए सीरत इंसा सी,
रंगत उसकी पाक नही...

Paa na lijiye seerat insaan si,

Rangat uski paak nahi...

दामन-ओ-रूह-ए-बदन हैं दाग़ कितने,
क्या बताऊँ अल्फ़ाज़ नही....

Daaman-o-rooh-e-bdan hain daag kitne,

Kya bataun alfaaz nahi....

याद है तुमको वो आईने वो खंजर,
ज़हरीली रातों के वो ख़ौफ़नाक मन्ज़र।

Yaad hai tumko vo aayine vo khanjar,

Zehrili raaton ke vo khaufnaak manzar.

याद है तुमको वो लाशों का सिसकना,
बदन-ओ-बदन रूहों का पिघलना।

Yaad hai tumko vo laashon ka sisaknaa,

Badan-o-badan roohon ka pighalna.

याद है तुमको वो नासूर-ए-बंटवारा,
सरहद नही वो मौत का गलियारा।।

Yaad hai tumko vo naasoor-e-bantwaaraa,

Sarhad nahi vo maut ka galiyaaraa...

ये चेहरे की रुखन, क्यूँ है तेरे दिल में ये दुखन...

Ye chehre ki rukhan, kyu hai tere Dil me ye dukhan...

तेरी आँखों में है, कुछ बीती बातों की चुभन...

teri aankhon mein hai, kuch beeti baton ki chubhan...

रोशन हैं नज़राने, भर इनसे दीदों के पैमाने,

Roshan hai nazarane, bhar inse deedo ke paimaane,

कर एहसास आज की हँसी का, डूबे फिर अक़्स तेरा मेरे इश्क़ की सुख़न....

kar ehsaas aaj ki Hansi ka, doobe fir ask tera mere Ishq ki sukhan....

इश्क़-ए-आतिश हूँ ज़लज़ला मैं,

Ishq-e-aatish hoon zalzalaa main,

मेरे अक्स-ओ-मख़लूकीयत-ए-पेचीदगी का नही कोई सानी...

Mere aks-o-makhlooqiyat-e-pechidgii kaa nahi koi saani...

तेरी हस्ती-ओ-वजूद तक,

Terii hastii-o-vajood tak,

हो जाएगी इसमे फ़ानी...

Ho jayegii isme faani...

रूह की मंडी लगा कर अब हँसता है इंसान,
जिस्म-फरोशी रूह की अब करता है इंसान...

Rooh kii mandii Lagaa kar ab hanstaa hai Insaan,

Jism-faroshi rooh kii bhii ab kartaa hai Insaan

बाजे बाजे बिक रहे गिलाफ़-ए-ईमान,
और नंग-धड़ंग बदज़ात फिरता है इंसान...

Baaje baaje bik rahe gilaaf-e-imaan,

aur nang dhadang bad-zaat firtaa hai Insaan

पहले वाली बात नही,
दिल तो है जज़्बात नही...

Pehle wali baat nahi,
Dil to hai jazbaat nahi...

देते हैं सदायें रक़ीबों को मग़र,
बस हमसे कोई इख़्तिलात नही...

Dete hain sadaayein raqeeboan ko magar,
Bas humse koi ikhtelaat nahi...

दस्तूर-ए-कशिश उठते अरमाँ दिलों में,
इख़्तियार तो है इत्मिनान नही....

Dastoor-e-qashish uthte armaan diloan mein,
Ikhtiyaar to hai itminaan nahi....

9 789354 581953